AF435521

ESENCIA CÓSMICA

CÁNCER

Leo Kabal

Editorial ☉ Creación

Si este libro le ha gustado y desea más información sobre nuestras publicaciones, puede consultar nuestra web: www.editorialcreacion.com, donde encontrará amplia información actualizada y podrá descargarse nuestro catálogo, el índice y un extracto de todos nuestros títulos.

Temática: Astrología, Horóscopo, Angelología
Colección: Esencia Cósmica

© Leo Kabal
© Editorial Creación
  Jaime Marquet, 9
  28200 - San Lorenzo de El Escorial
  (Madrid)
  Tel.: 91 890 47 33
  http://www.editorialcreacion.com
  http://editorialcreacion.blogspot.com/

Primera edición: mayo de 2013
ISBN: 978-84-15676-29-4
Depósito Legal: M-14520-2013
Diseño de portada: Mejiel

CONTENIDO

INTRODUCCIÓN

Saber hoy a ciencia cierta cuándo empezó la Humanidad a interesarse por los astros y cuáles fueron las bases de lo que se conoce como Astrología, es una tarea difícil, por no decir imposible.

No obstante, cuando miramos hacia atrás en el tiempo intentando buscar un origen, encontramos que la mayoría de los pueblos de la antigüedad tenían muy en cuenta las posiciones planetarias a la hora de tomar decisiones importantes. Todo el mundo creía en ella y los reyes tenían a sus propios astrólogos, a los que consultaban para tomar las decisiones relevantes.

Aunque la ciencia astrológica se remonta más atrás en el tiempo, los doce signos astrológicos, tal como los conocemos hoy, aparecieron en Babilonia, en el siglo V a. C. Este sistema consiste en la división del cielo en doce partes iguales de 30 grados cada uno.

Pero signos y constelaciones no son lo mismo, aunque muchos hayan querido confundir los términos para desacreditar a los astrólogos y la Astrología. Expliquemos la diferencia.

La Eclíptica es el círculo imaginario que atraviesa el Sol en su recorrido anual aparente alrededor de la Tierra, aunque en realidad se trata de una proyección en los cielos de la linea imaginaria que dibuja la Tierra en su movimiento de traslación (recorrido anual alrededor del Sol).

A un lado y otro de la Eclíptica hay una franja celeste denominada Zodiaco, dentro de la cual permanecen el Sol, la Luna y los planetas. En esta franja hay doce constelaciones cuyos nombres son los mismos que el de los doce signos. Pero a diferencia de los signos, las constelaciones tienen una longitud desigual, es decir, no miden 30 grados cada una, sino que unas miden más y otras, menos.

Hay algunos astrólogos que afirman que primero fueron los signos y después vinieron las constelaciones. Es decir, los signos fueron dados a la humanidad primitiva por inspiración. Después, el hombre buscó algo semejante en los cielos y encontró las constelaciones.

Sea como fuere, lo importante es que los signos astrológicos y las constelaciones de estrellas no son lo mismo. Los signos son sectores del Zodiaco de 30 grados cada uno y las constelaciones tienen una longitud diferente. Además, debido a la precesión de los equinoccios, tampoco coinciden en el comienzo de la primavera, cuando el Sol cruza el ecuador celeste, sino que, en ese punto, el Sol cruza el grado cero de Aries en lo referente a los signos, mientras que en lo referente a las constelaciones, varía. Ese es el motivo de que cuando el Sol se encuentra en el signo de Aries, actualmente lo hace en la constelación de Piscis. Es también la base para afirmar que la Humanidad está actualmente en la Era de Piscis y camina hacia la Era de Acuario.

Pero en lo referente a los signos, esto no debe preocuparnos, ya que siguen siendo los mismos, y las fechas en las que rigen cada uno de ellos permanecen invariables.

Según algunos astrólogos modernos, la Astrología no es solo un sistema de predicción, sino que comprende la esencia cósmica de la cual todos nos nutrimos tanto material como espiritualmente. De hecho, los nombres de los doce signos corresponden a doce entidades espirituales que se ocupan de hacernos llegar la energía con la que construimos y desarrollamos nuestra existencia.

En el principio de los tiempos, al iniciar la creación de nuestro Sistema Solar, Dios trazó un espacio, de donde tomó la esencia para que su obra creciera y se multiplicara. Este espacio es conocido con el nombre de Zodiaco. De este Zodiaco procede la esencia que ha dado forma a todo lo que existe hoy en nuestro Sistema Solar, incluidos nosotros.

De lo que antecede podemos deducir que el Zodiaco es mucho más importante de lo podría parecer a primera vista, pues sin él no existiría nada en nuestro universo solar.

Vemos así que el Zodiaco marca la evolución de la Humanidad a través de los signos conocidos como Aries, Tauro, Géminis, Cáncer, Leo, Virgo, Libra, Escorpio, Sagitario, Capricornio, Acuario y Piscis. Cada individuo debe renacer constantemente en los distintos signos para evolucionar mediante las vivencias que cada uno le aporta.

Así, en el sentido cósmico, cuando nacemos en Aries, traemos al mundo un nuevo designio divino, un proyecto original, que iremos desarrollando a través de las distintas etapas, es decir, en las distintas encarnaciones por las que hemos de pasar. La rueda astrológica se convierte así en la rueda de los renacimientos a través de los cuales evolucionamos desde la inconsciencia hacia la omnisciencia. La meta es convertirnos algún día en dioses creadores. El orden evolutivo sigue un orden distinto del de la rueda astrológica, que como sabemos es Aries, Tauro, Leo, etc., hasta Piscis.

En el orden cósmico primero es el Fuego: Aries, Leo y Sagitario. Segundo, el Agua: Cáncer, Escorpio y Piscis. Tercero, el Aire: Libra, Acuario y Géminis. Y por último, la Tierra: Capricornio, Tauro y Virgo.

Este sería el orden lógico en la evolución. O sea, primero encarnaríamos en los signos de Fuego, luego en los de Agua, etc. Y, al llegar al último signo de Tierra: Virgo habríamos culminado nuestra evolución y adquirido todas las experiencias necesarias para llegar a ser dioses creadores. Pero este orden fue roto porque los hombres no fuimos capaces de asimilar las energías divinas tal como se nos iban proporcionando. De esta forma, unas veces fuimos hacia adelante y otras hacia atrás, unas veces avanzando y otras quedándonos rezagados.

Por este motivo, tenemos que culminar varios ciclos desde Aries a Virgo antes de alcanzar la perfección, pero ahora ya no seguimos el orden primordial: Fuego, Agua, Aire y Tierra, sino que, debido al estancamiento en algunas etapas, tenemos que volver a ellas de nuevo. Por eso, en una encarnación podemos nacer en Aries, mientras que en la siguiente lo hacemos en Tauro o Libra, dependiendo de los trabajos pendientes de realizar que hayamos dejado en el camino.

El signo del horóscopo bajo el cual hemos nacido marca únicamente el lugar del sol en nuestra carta natal. Para un estudio más profundo, cada lector debe recurrir a la interpretación de su carta astral completa, porque ella le descubrirá muchos más aspectos de su personalidad y su trabajo en la vida presente que el estudio simple del signo bajo el cual ha nacido. Aunque sin duda el sol en un horóscopo marca el lugar donde se instala nuestro Yo en la presente encarnación para poder llevar a cabo su programa de vida marcado por las demás tendencias de nuestra carta de nacimiento. Por ese motivo, cualquier estudio sobre él es de la máxima importancia. Más adelante, si el lector lo desea, podrá estudiar su carta con profundidad y desarrollar su potencial en todos los aspectos. Mientras tanto, le ofrecemos este pequeño estudio para que pueda conocerse un poco más y aprenda a conducirse de acuerdo con la energía de los astros para hacer su vida un poco más llevadera.

Acuario
Capricornio
Sagitario
Piscis
Escorpio
Aries
Libra
Tauro
Virgo
Géminis
Leo
Cáncer

CÁNCER

22 de junio al 22 de julio

Conexión con la fuente del Amor

Elemento: Agua

Símbolo: ♋

Color: Verde claro, gris perla, blanco

Planeta regente: Luna

Gemas: Ónix blanco, perla

Metal: Plata

Día de la semana: Lunes

Números de la suerte: 2 y 4

Imagen medieval de Cáncer.
(Libro de Horas del siglo XIV).

Imagen medieval de la Luna, planeta regente de Cáncer. *De Sphaera.*

SÍMBOLOS DE CÁNCER Y LA LUNA

El símbolo de Cáncer se representa con dos espirales: ♋, que expresa el cambio de sentido del movimiento solar: ascendente y descendente.

En el Solsticio de verano, el Sol llega al Trópico de Cáncer y empieza a viajar «hacia atrás». Representa la vida. Simboliza el mar, las aguas originales de las que procede toda la vida, las aguas maternas, el líquido amniótico donde se desarrolla el feto. El cangrejo que lo representa es un ser de cuerpo frágil, que se protege bajo un caparazón y camina hacia atrás, lo que hace a los nativos de este signo emocionalmente vulnerables. El cangrejo, entre los egipcios, era el símbolo del alma, por lo que este signo también la representa.

Su planeta regente es la luna, que consta de un semicírculo: ☽. Este semicírculo representa al alma humana, y en un horóscopo tiene relación con la imaginación, la madre, el alma, las mujeres en general, el inconsciente... Por eso el signo de Cáncer es por antonomasia el signo de la madre y la mujer.

ALEGORÍA DE CÁNCER

... Y era de mañana cuando Dios se puso ante sus doce hijos e implantó en cada uno la semilla de la vida humana, Cada hijo, uno a uno, dio un paso adelante para recibir el don que se le había destinado.

—A ti, CÁNCER, te doy la tarea de enseñar a los hombres lo que son las emociones. Mi Idea es que les hagas reír y llorar, para que aquello que vean y piensen les ayude a desarrollar la plenitud interior. Por eso te entrego el don de LA FAMILIA, para que tu plenitud pueda multiplicarse.

Y Cáncer volvió a su sitio

Entonces Dios dijo:

—Cada uno de vosotros tiene una parte de Mi Idea. No confundáis esta parte con la totalidad de Mi Idea, ni intentéis cambiaros las partes entre vosotros. Porque cada uno de vosotros es perfecto, pero eso no lo sabréis hasta que los doce seáis uno. En este momento, Mi Idea, en su totalidad, será revelada a cada uno de vosotros.

Y los hijos se fueron, decidiendo cada cual hacer su trabajo lo mejor posible, para poder recibir su don. Pero ninguno comprendió totalmente su tarea ni su don, y cuando volvieron confusos, Dios les dijo:

—Cada cual cree que los otros dones son mejores. Así, pues, os permitiré intercambiarlos.

Y, de momento, cada hijo se entusiasmó considerando todas las posibilidades de su nueva misión. Pero Dios se sonrió diciendo:

—Volveréis a mí muchas veces, pidiendo que os releve de vuestra misión, y cada vez os concederé vuestro deseo. Pasaréis por incontables encarnaciones antes de que cumpláis la misión original que os he prescrito. Os concedo un tiempo ilimitado para llevarlo a cabo, y sólo cuando lo hayáis conseguido podréis estar conmigo.

PERSONALIDAD

Cáncer es el primer signo de Agua, elemento que se asocia con los sentimientos. En el Zodiaco se sitúa en la casa IV, que representa el hogar, la madre, el fundamento. Por tanto, será un signo que ama el hogar y la maternidad por encima de otras cosas. Le encanta ser el centro de la familia y disfruta ejerciendo de madre con los demás, no importa el género. Allí donde haya un cáncer tendremos al que vela por los demás y los cuida como lo haría una verdadera madre.

Es muy emotivo y receptivo, hasta tal punto, que hay que mirar muy bien lo que se le dice, ya que se suele sentir herido con mucha facilidad. Esto le ocurre porque está viviendo la experiencia del sentimiento puro. Por eso los que están a su alrededor tienen que tener cuidado con lo que hacen o dicen a un Cáncer y tener en cuenta que cualquier cosa es por él vivida con más intensidad sentimental de lo normal, aunque externamente no dé esa impresión.

Tiene una imaginación desbordante, requisito indispensable para ser un buen escritor o guionista. Es tremendamente intuitivos, y tiene presentimientos que, la mayoría de las veces, se convierten en realidad. Algunos tipos de Cáncer llegan a rozar ciertas dotes clarividentes, ya que es un signo bastante psíquico.

Por lo general, suele ser tímidos y tiene frecuentes cambios de humor.

Cuando tiene un problema suele refugiarse en las personas que conoce, en el pasado. Está muy apegados a la familia, a la infancia a los recuerdos y, prefiere la vida familiar a la social, ya que se siente mucho más seguro. Es pacífico y normalmente cambia muchas veces de domicilio a lo largo de su vida.

Cuando quiere algo, se dirige hacia ello con persistencia, aunque, a veces da la sensación de que da un paso hacia delante y otro hacia atrás.

Si está agobiado se refugian dentro de sí mismo. Al igual que el cangrejo, símbolo que lo representa, se mete dentro de su caparazón y no sale de allí hasta que se siente seguro.

También utiliza su piel, es decir, su caparazón, para parar los golpes de la vida. Mejor dicho: la mayoría de las veces se siente tan vulnerable, que aparenta que es más duro de lo que es en realidad. En este sentido, no deja que los demás penetren en su interior, y de esta manera se protege de posibles daños sentimentales que pudieran hacerle aquellos que lleguen a conocer sus puros sentimientos.

Es un signo muy tradicional, le gustan las antigüedades, las biografías, los viajes por mar y tiene una predilección por la buena cocina.

En el amor, la relación con un Cáncer debe plantearse en términos de vida en pareja, ya que no concibe una relación sin compromiso y vida en común.

El amor juega para ellos un papel muy importante, pues tienen conexión directa con la fuente del amor universal. Por eso, a veces, se lanzarán a la conquista de todo aquello que constituye el objeto de su deseo e intentarán acapararlo de alguna manera.

Es muy difícil encontrar un Cáncer solitario, más bien, la mayoría de las veces, tendrá una gran familia alrededor o vivirá rodeado por gente de su entorno más cercano.

Los Cáncer han venido a vivir la experiencia del amor cósmico, el cual de un modo práctico se traduce por amar, en un primer término, a los que tiene a su alrededor.

CUALIDADES A DESARROLLAR

Amor.
Pacifismo.
Imaginación.
Intuición.
Sensibilidad.
Receptividad.
Sentimiento maternal.
Psiquismo.
Compasión.

DEFECTOS A SUPERAR

Timidez.
Imaginación negativa.
Tendencias lunáticas.
Exceso de sensibilidad.
Celos.
Intolerancia.
Arrogante.
Sarcástico.
Vengativo.

AMOR Y COMPATIBILIDAD

Cáncer es un signo al que le encanta la vida en el hogar y la relación familiar. Así pues, cualquiera que inicie relación con este signo debe estar dispuesto a que esta sea con todo su entorno familiar y mostrar cierta simpatía con ellos. De esta forma, se ganará su cariño.

Es un signo poco solitario, le gusta más bien la vida en sociedad, aunque tampoco le van los grupos demasiado grandes.

Los nativos de Cáncer son muy cariñosos, emotivos y sensibles y, sobre todo, muy impresionables, por lo que hay que cuidar muy bien la forma en que se les trata.

Viven sus emociones de forma intensa, aunque, la mayoría de las veces, ponen una coraza hacia el mundo exterior, de forma que no se descubra qué es lo que están sintiendo.

Por lo general, se muestran reservados y tímidos hacia el sexo opuesto.

Si se les trata con delicadeza, se muestran agradecidos y la relación con ellos puede ser sumamente armoniosas. Serán atentos y protectores con su pareja, a quien demostrarán su amor de una forma completa.

Cáncer no busca una aventura amorosa, sino un amor permanente para crear su propia familia. Así, pues, quien inicie una relación con los nativos de este signo debe estar dispuesto a vivir una relación duradera. Si busca una relación pasajera, más le vale que ni siquiera empiece a conocerlo, ya que si después corta la relación, podría hacerle un daño innecesario. También debe se una persona a la que les agrade tener una especie de cuidado maternal o paternal, ya que normalmente, cuando un Cáncer, ama, protege al ser amado como lo haría un padre o una madre .

El influjo lunar los hace ser emotivos y románticos, aunque también tener frecuentes cambios de humor, ligados a las variaciones atmosféricas y a las fases lunares. Por tanto, alternarán periodos de apatía y tristeza con otros de actividad y alegría.

También necesitan, debido a las variaciones de carácter, tener frecuentes cambios en su vida, por lo que viajará frecuentemente.

Entre sus gustos y aficiones están el teatro, el cine y la televisión, con los cuales disfrutará en sus ratos de ocio.

CÁNCER - ARIES

No suele ser una buena combinación, ya que el carácter pasivo, hipersensible, impresionable y hogareño de Cáncer choca con la impulsividad y la forma de ser activa e independiente de Aries.

Aries vive al día y no se compromete con nada, le gusta vivir independiente de los demás. Cáncer es más tradicional y apegado a las costumbres, al hogar, a la familia.

A Cáncer se le hiere fácilmente, y Aries es poco cuidadoso con las palabras y los hechos, por lo que podría hacerle daño de forma inconsciente.

En definitiva, es una relación difícil y, si otros temas armónicos de su horóscopo no confluyen, como un ascendente compatible con el de la pareja, etc., la relación será poco llevadera.

En esta relación la armonía y duración de la pareja solo sería posible si los dos se comprometen con algún ideal espiritual o intelectual, tomando conciencia de lo que necesita cada uno y poniendo el amor por encima de otros intereses. En este sentido, deberían hacer un esfuerzo de comprensión y entender el comportamiento de su pareja desde un punto de vista elevado, sin entrar a juzgar excesivamente su comportamiento y dándose cada uno el espacio que necesita.

CÁNCER - TAURO

Son dos signos que armonizan bien, dado la naturaleza del Agua y la Tierra, tanto en el amor como en la vida en pareja.

Será esta una relación intensa debido a la sensibilidad y sensualidad de ambos signos.

Cáncer apreciará la forma de ser apasionada y afectuosa de Tauro; y a Tauro le encantará la naturaleza emotiva y sociable de Cáncer.

El deseo de Tauro de tener hijos será acogido de forma excelente por Cáncer, que verá la ocasión de fundar la familia que anhela.

En definitiva, una relación armoniosa que puede durar mucho, a no ser que otros elementos del horóscopo lo desmientan.

Para que la relación no tenga ningún problema, no obstante, Tauro debe tener cuidado con el carácter brusco y bronco que le sale a veces; y Cáncer debe cuidar los celos y la intolerancia.

CÁNCER - GÉMINIS

No son signos entre los cuales pueda haber una buena relación ni entenderse bien, pues Cáncer puede ver con desagrado la personalidad un tanto inquieta y atrevida de Géminis, y a este no le gustará la sutilidad y fragilidad de Cáncer.

Son signos incompatibles, ya que Agua y Aire no son fáciles de unir.

Como hemos dicho anteriormente, el nativo de Cáncer está apegado a la familia y le atribuye una importancia capital. No así Géminis, que es todo lo contrario: es independiente y huye rápido del seno familiar. Cáncer es más casero y tradicional, mientras que Géminis huye de los convencionalismos y no se ata a nada.

Hay, no obstante, todo lo anterior, puntos comunes en los que podrían intentar armonizar o llevarse bien. Cáncer deber abandonar un poco la seguridad de la vida familiar para viajar en ocasiones al lado de su compañero/a; y Géminis debe respetar el gusto de su pareja por el hogar y permanecer un poco más de tiempo en él o quedar allí con sus amistades, en lugar de hacerlo en el bar o el restaurante.

CÁNCER - CÁNCER

Es esta una mezcla de Agua y Agua de la misma naturaleza. Por tanto, habrá entendimiento en principio, ya que los dos son románticos, sensibles, amantes de la vida familiar... Pero, al ser los dos tan iguales sentimentalmente hablando, puede haber un conflicto entre ellos y echarse en cara el uno al otro que es el que más amor o abnegación pone en la relación.

Los choques emocionales pueden resultar demasiado intensos, pues no se pondrán de acuerdo en quién hirió o quién fue el herido, los dos se mostrarán como si fueran las víctimas y no entenderán que el otro no les dé la razón. Por lo que también aquí hay un peligro de discusión y desarmonía.

Para evitar que el rencor perdure en el tiempo, deben hacer esfuerzos en perdonarse las ofensas e intentar olvidarlas.

Por lo demás, la reconciliación será muy emotiva, ya que los dos tienen un fondo bueno y sabrán entenderse y perdonarse después de haber hablado del problema.

CÁNCER - LEO

Aunque, como es bien sabido el Agua apaga el Fuego, esta relación, no obstante, puede resultar buena, siempre que Cáncer se someta a las exigencias de Leo.

Cáncer y Leo forman una pareja opuesta pero complementaria. Porque, aunque el Agua de Cáncer se opone al Fuego de Leo, sus regentes: Sol, en el caso de Leo, y Luna, en el de Cáncer, son complementarios.

Por tanto, como hemos dicho, uno será activo, ardiente, extrovertido (Leo), y otro será pasivo, emocional, introvertido y sumiso (Cáncer).

Así como la Luna física refleja la luz del Sol, en este caso Cáncer reflejará la luz de su pareja, su brillo, es decir, le gustará estar en segundo plano y preferirá que su pareja Leo lleve la voz cantante en los asuntos sociales y familiares.

Los problemas pueden llegar cuando Leo, debido a la condescendencia de su pareja, le exija más de lo debido y no le dé la importancia que tiene, sobrepasándose en autoridad y tiranía. O también cuando no cuide el tacto emocional hacia ella, ya que si se muestra poco sensible, puede causarle un daño innecesario, pues esta se sentirá fácilmente herida.

CÁNCER - VIRGO

Puede haber una buena relación, ya que los dos son sencillos, tímidos y modestos. No tienen grandes ambiciones.

Es una unión que tendrá como base sólida el sentido común, el afecto, la ternura y la comprensión mutua.

Aunque sus temperamentos sean complementarios, como los son el Agua y la Tierra, tienen, no obstante, una forma de ver el mundo un tanto diferente. Cáncer es subjetivo, imaginativo y utiliza una razón más bien del subconsciente, intuitiva. Sin embargo, Virgo se rige más por la razón, el análisis y la crítica. También habrá puntos de fricción en la manía de higiene que puede llegar a tener Virgo, lo que chocará con la necesidad de tranquilidad de su pareja Cáncer.

Pero, salvando estos inconvenientes de poca importancia, puede resultar una relación armoniosa y duradera, pues los dos son austeros y no necesitan grandes lujos para vivir. Y en el amor se complementan perfectamente.

CÁNCER - LIBRA

Estos dos signos conciben la existencia de muy distinta manera, a pesar de que, en un principio la Luna y Venus son signos románticos y amorosos. Cáncer necesita una vida doméstica tranquila y pacífica. Libra, por el contrario, es más amante de la vida social y diversa bastante activa.

Es una relación que, en un principio, puede resultar agradable debido a la naturaleza dulce y amorosa de ambos signos. Pero con el tiempo la necesidad de vivir en un espacio restringido de Cáncer chocará con la falta de apego al hogar y las salidas constantes de Libra.

Si logran limar estas asperezas y armonizarlas, puede ser una relación estable y duradera, ya que sus naturalezas tienen capacidad suficiente para comprenderse y amarse, pues Libra es un signo que tiende al equilibrio, y Cáncer es tranquilo y sensible. Uno (Cáncer) es protector, y el otro (Libra) le gusta ser protegido.

CÁNCER - ESCORPIO

Son signos compatibles. Los dos pueden entenderse y formalizar relaciones duraderas.

De entre los signos de Agua, es esta unión la que mejor puede congeniar en todos los sentidos.

Escorpio necesita y exige fidelidad a la pareja. Cáncer es un signo fiel, que nunca dará a su pareja motivo para estar celoso.

Los dos pueden vivir una gran pasión amorosa y una historia de amor de las que no se olvidan, pues Escorpio, signo de fuertes emociones, se acoplará bien con Cáncer, sensitivo e imaginativo.

Hay, sin embargo, un punto en el que Escorpio debe tener especial cuidado, ya que sus palabras violentas y fuera de lugar con que a veces suele responder, pueden herir profundamente la sensibilidad de Cáncer.

CÁNCER - SAGITARIO

Es una relación que, en principio, no combina, como no lo hace el Fuego y el Agua. Cáncer es hogareño y Sagitario no suele parar en casa.

Sagitario es un signo agitado, arriesgado, independiente. Siempre suele estar en movimiento. Le gusta el deporte. Necesita ir de aquí para allá gastando energía. No le gusta el sedentarismo, ya que se siente mal y puede, incluso, llegar a enfermar si se tira mucho tiempo encerrado en casa o en cualquier otro sitio.

Cáncer es más pacífico, tranquilo, sosegado, tiene verdadero apego por la familia y el hogar y no le gusta salir, ni el movimiento de aquí para allá.

Se comprenderá, por estas formas tan distintas de ser, que Cáncer y Sagitario no se complementan bien.

Si Cáncer cede a los gustos de su pareja, lo pasará mal. Así como si lo hace Sagitario.

Por tanto, para que estos dos signos se complementen bien, deben ceder cada uno una parcela de su modo de vida, es decir, Cáncer debe dejar a Sagitario salir, aunque él no vaya con él; y Sagitario debe entender que Cáncer no quiera ir con él sin enfadarse.

En el amor también puede haber problemas, ya que Sagitario es más fogoso que su pareja Cáncer. En este sentido, también encontrarán el entendimiento cuando se respeten mutuamente, lo que se conseguirá si hay verdadero amor y objetivos intelectuales o espirituales comunes.

CÁNCER - CAPRICORNIO

Una unión favorable que dará estabilidad a la vida en común.

Podemos decir que Cáncer y Capricornio constituyen la pareja ideal o bastante aproximada. En efecto, Capricornio aportará el sentido práctico y realismo material de los que carece el emocional Cáncer.

Cáncer encontrará en su pareja Capricornio a la persona ideal que le aportará estabilidad, fidelidad, confianza y apoyo.

La relación amorosa será armónica, sin grandes pasiones, sino más bien se construirá sobre una base sólida y duradera. Tal vez en algún momento Cáncer se sienta mal por el carácter poco sentimental y nada demostrativo de cariño de Capricornio, pero valorará más sus cualidades saturninas del sentido del deber y la responsabilidad.

La casa décima que ocupa Capricornio se identifica con el padre, y la casa cuatro, ocupada por Cáncer, con la madre. Por lo que ambos constituyen los polos opuestos ideales para formar una familia, que mantenga el equilibrio padre-madre en el hogar, algo necesario en la estabilidad y la disciplina propias de una pareja que desea tener hijos.

CÁNCER - ACUARIO

En principio, el acuático Cáncer con el aéreo Acuario no casan muy bien, aunque el símbolo de este último sea el del aguador.

Estos signos se encuentran en longitudes de onda bastante alejadas. Mientras que Cáncer es imaginativo, sensible, influenciable y receptivo, Acuario es más bien racional, lógico y poco dado a las demostraciones de cariño.

Además, a Acuario le importa mucho la amistad y la Humanidad en general, y Cáncer busca cobijo en el entorno familiar.

En el amor, Cáncer no se sentirá satisfecho con su pareja Acuario, ya que demandará de este que se esfuerce un poco más en su demostración de amor y que permanezca más tiempo en el hogar, y se esforzará por hacer para él un hogar lo más agradable que pueda. Acuario, en cambio, huirá del hogar a la primera de cambio a relacionarse con sus amigos y a eventos y acontecimientos sociales.

Pueden encontrar un punto de equilibrio cediendo cada uno una parte de sus hábitos y forma de relacionarse con su entorno. Acuario, puede, por ejemplo, invitar a sus amigos a casa, y Cáncer salir un poco más del hogar para complacer a su pareja.

CÁNCER - PISCIS

Una relación sublime, pero deben tener cuidado en perder el sentido práctico de la vida, ya que los dos tienden a ver el lado romántico y místico de la vida.

Los dos son signos psíquicos y tienen una poderosa intuición. Son muy emocionales y esto puede dar lugar a una comprensión fuera de lo común.

Cuando están juntos, se encuentran tan bien y comprendidos, que a veces se tiran hablando horas y pierden incluso la noción del tiempo.

Otras veces, se entienden sin llegar siquiera a pronunciar una palabra.

Compartirán el gusto por la cocina, por la buena mesa, por el agua, por los viajes marítimos, por el mar, por los lugares tranquilos y pacíficos.

Los dos tienen un carácter dulce y servicial y buscarán siempre lo mejor de su pareja.

En definitiva, pocas fricciones puede haber en esta relación, quizá que Piscis, sobre todo si es mujer, puede llegar a demostrar más sus sentimientos que su pareja Cáncer y demandar de esta el mismo comportamiento.

SALUD

Cáncer rige el estómago, el esófago, el páncreas, el diafragma, las glándulas mamarias, los ovarios, los pechos, la cavidad torácica, los lóbulos superiores del hígado y el suero de la sangre Por tanto, las aflicciones o malos aspectos de los planetas sobre este signo pueden llegar a producir las distintas dolencias que afectan a estas zonas del cuerpo:

Úlcera estomacal.
Gastralgias.
Dispepsias
Obstrucción estomacal.
Indigestión.
Icteria.
Flatulencia.
Piedras en la vejiga.
Indigestiones
Pancreatitis.
Etc.

El hombre y el Zodiaco, de Paul Malouel, muestra las asociaciones de los Signos del Zodiaco con las distintas partes del cuerpo.

Por lo tanto, deberá tener especial cuidado con estas zonas de su cuerpo y prestarles más atención de lo normal, y no abusar sobrecargándolas o sobreexcitándolas.

Cuando se producen malos aspectos sobre Cáncer da lugar a todos los problemas relacionados con una mala administración de la energía lunar, planeta que rige el signo. Si quiere evitarlos, debe tener especial cuidado y tomar conciencia de cómo está trabajando dicha energía. Por ejemplo, la mala administración de esta energía se traduce por comportarse con los demás con los peores defectos del signo: tendencias lunáticas, exceso de sensibilidad, celos, intolerancia, arrogancia, sarcasmo, venganza... y sobre todo, debe combatir la pereza y la dejadez. Si quiere recuperar la salud, debe evitar al máximo este tipo de comportamientos.

TRABAJO

Cáncer necesita trabajar en todas aquellas profesiones en las que pueda desarrollar su potencial imaginativo y sentimental. También en los que la psicología desempeñe un papel fundamental.

Por lo tanto, le irán bien los empleos de escritor de novelas, poeta, artista, editor, librero y todo lo relacionado con el despliegue de la imaginación.

También podrá trabajar de cocinero/a, como anticuario, comerciante, asistente social, historiador, psicólogo...

Además, cualquier trabajo que pueda desarrollar en su propia casa.

Los nueve Coros Angélicos se mueven en torno a la esfera central, que representa a la Divinidad.
Ilustración de Gustavo Doré para la obra de Dante Alligeri *La Divina Comedia.*

ÁNGELES DE CÁNCER

La esfera del Zodiaco mide 360 grados de longitud, que se divide entre los doce signos del Zodiaco, dando como resultado un espacio de 30 grados de longitud a cada signo.

Dentro de estos 30 grados tienen su domicilio y radio de acción 6 ángeles conocidos en la Tradición como genios de la Cábala, a razón de 5 grados por ángel.

Con respecto al signo de Cáncer, los nombres de estos ángeles son los siguientes:

De 0 a 5 grados de Cáncer (22 al 27 de junio) rige el ángel llamado Leuviah.

De 5 a 10 grados de Cáncer (28 de junio al 2 de julio) rige el ángel llamado Pahaliah

De 10 a 15 grados de Cáncer (3 al 7 de julio) rige Nelchael.

De 15 a 20 grados de Cáncer (8 al 12 de julio) rige el ángel llamado Ieiaiel.

De 20 a 25 grados de Cáncer (13 al 18 de julio) rige el ángel llamado Melahel.

De 25 a 30 grados de Cáncer (19 al 23 de julio) rige el ángel llamado Haheuiah.

El nativo de Cáncer tendrá uno u otro ángel guardián dependiendo de la fecha en la que haya nacido dentro de este radio de acción, con él podrán comunicarse en cualquier momento para pedirle que les ayude en su acción cotidiana y cumplir así con el objetivo de su Yo Superior.

LEUVIAH, DEL 22 AL 27 DE JUNIO

Las enseñanzas y virtudes que proporciona este ángel durante la vida del nativo son las siguientes:

Amabilidad; jovialidad; ayuda en la adversidad; Gracia de Dios para la fecundidad; buena memoria, inteligencia, modestia en la forma de hablar; energía para soportar las adversidades con resignación y paciencia; buen juicio; energía para contagiar el amor por los métodos cabalísticos; protección contra la desesperanza, la tristeza y el desenfreno.

La esencia de su programa es:

INTELIGENCIA EXPANSIVA O FRUCTIFICANTE. Y esta cualidad es la que más sobresaldrá durante toda la vida del individuo que haya nacido bajo su influencia.

Clave: *Inteligencia para llevar a cabo tus ideas y proyectos con éxito*

PAHALIAH, DESDE EL 28 DE JUNIO AL 2 DE JULIO

Ayuda a entender todos los sistemas religiosos de la Tierra; descubrimiento de las Leyes Cósmicas; la evolución del hombre; guardar castidad y comprender por qué es de utilidad para la evolución, argumentos para convencer a los incrédulos; vocación religiosa y espiritual; ayuda para llevar la verdad a los pueblos, vocación de misionero/a; protección contra las tendencias al libertinaje y al error.

La esencia de su programa es:

REDENCIÓN. Y esta cualidad es la que más sobresaldrá durante toda la vida del individuo que haya nacido bajo su influencia.

Clave: *Capacidad para distinguir adecuadamente lo que está bien de lo que está mal*

NELCHAEL, DEL 3 AL 7 DE JULIO

Las enseñanzas y virtudes que proporciona este ángel durante la vida del nativo son las siguientes:

Afán por aprender, sobre todo, Ciencias Ocultas y Hermetismo, Astronomía, Geografía y todas las ciencias abstractas; alienta el gusto por el estudio; poder de imaginación para escribir temas ocultos; protección contra los malos espíritus; liberación de situaciones opresivas, sumisión a las leyes y a las reglas; protege contra el mal genio, la ignorancia y el error.

La esencia de su programa es:

AFÁN DE APRENDER. Y esta cualidad es la que más sobresaldrá durante toda la vida del individuo que haya nacido bajo su influencia.

Clave: *Ilusión y un afán por aprender todas las ciencias.*

IEIAIEL, DEL 8 AL 12 DE JULIO

Las enseñanzas y virtudes que proporciona este ángel durante la vida del nativo son las siguientes:

Respeto, fortuna, renombre y fama si lo desea; protección en los viajes por mar y los naufragios en sentido literal y figurado; favorece el comercio y los comerciantes, y las ideas liberales y filantrópicas; protege de los piratas, los ladrones; protege de los accidentes; favorece a los inventores.

La esencia de su programa es:

RENOMBRE. Y esta cualidad es la que más sobresaldrá durante toda la vida del individuo que haya nacido bajo su influencia.

Clave: *Fama y renombre para que todo lo que emprendas alcance un toque de perfección.*

MELAHEL, DEL 13 AL 18 DE JULIO

Las enseñanzas y virtudes que proporciona este ángel durante la vida del nativo son las siguientes:

Protege de las armas de Fuego y contra todo tipo de atentados; ayuda a conocer bien las plantas medicinales y a curarse y a curar a los demás con ellas; fertilidad a los campos; valor para iniciar operaciones arriesgadas y peligrosas; protección contra contagios, infecciones y enfermedades; protección en los viajes; parar las causas que pueden provocar los incendios.

La esencia de su programa es:

CAPACIDAD CURADORA. Y esta cualidad es la que más sobresaldrá durante toda la vida del individuo que haya nacido bajo su influencia.

Clave: *Deseo de estudiar las distintas medicinas y terapias para curar a los demás.*

HAHEUIAH, DEL 19 AL 23 DE JULIO

Las enseñanzas y virtudes que proporciona este ángel durante la vida del nativo son las siguientes:

Gracia y misericordia de Dios; ayuda a los prisioneros, exiliados y fugitivos a obtener el perdón de sus culpas y no comparecer ante la justicia de los hombres, a condición de no volver a cometer las mismas faltas en el futuro; protección contra los animales peligrosos, protección contra los ladrones y asesinos, y para hacer que restauren las cosas robadas; preserva contra la tentación de vivir por medios ilícitos; gusto por la verdad y las ciencias exactas; sinceridad en sus palabras y acciones.

La esencia de su programa es:

PROTECCIÓN. Y esta cualidad es la que más sobresaldrá durante toda la vida del individuo que haya nacido bajo su influencia.

Clave: *Gracia y Misericordia de Dios*[1].

____

[1] Para más información sobre el tema de los ángeles y la Astrología, véanse mis libros: *Ángeles protectores y Ángeles, las fuerzas ocultas del Universo,* publicados por esta editorial.

PERSONAS CÉLEBRES NACIDAS EN CÁNCER

- Augusto Algueró, 03-07-1964: director musical, compositor español
- Chayanne, 28-06-1968: militar español
- Elsa Pataky, 18-07-1976: actriz
- Emma Suárez, 25-06-1964: actriz
- Ernesto Sabato, 24-06-1911: novelista
- Franz Kafka, 03-07-1963: escritor
- George W. Bush (hijo), 06-07-1946: 43º presidente de los Estados Unidos
- Jessica Simpson, 10-07-1980: actriz y cantante
- Jesús Hermida, 27-06-1937: periodista
- Lady Di, 01-07-1951: princesa de Gales.

- María de las Mercedes de Orleans, 24-06-1860: abogada y política española
- Miguel Induráin, 16-07-1964: ciclista
- Nelson Mandela, 18-07-1918: político
- Pamela Anderson, 01-07-1967: actriz y modelo
- Pau Gasol, 06-07-1980: jugador de baloncesto
- Salvador Allende, 26-06-1908: presidente de Chile (1970-1973
- San Juan de la Cruz, 04-07-1542: santo, poeta místico
- Sylvester Stallone, 06-07-1946: actor
- Tom Cruise; 03-07-1962: actor

TALISMANES

Los amuletos o talismanes de Cáncer deben fabricarse con todos o parte de los elementos relacionados con el signo. En particular, con las gemas, los metales y los colores. Por ejemplo:

Las gemas de la suerte de Cáncer son el ónix blanco y la perla. El metal es la plata. Así pues, se pueden fabricar amuletos con estos elementos y llevarlos encima, bien la piedra o metal a secas en un bolsillo o bien como colgante, llavero, etc. También se puede hacer una bolsita del color del signo, poner todos estos elementos dentro y llevarlo como amuleto.

Los colores de Cáncer son el verde claro, el gris perla o el blanco. Por tanto, todo contenga estos colores también favorecerá al nativo, ya sea ropas o cosas que los destaquen

El día de la semana en el que tendrá especialmente suerte será el lunes. En este día puede comenzar todo tipo de proyectos y acontecimientos en los que quiera tener un efecto favorable. Siempre que no sea para perjudicar al prójimo, claro está.

Sus números de la suerte son el 2 y el 4 y todos sus múltiplos.

Hay que tener en cuenta que un amuleto por sí solo no sirve para nada si no le acompaña una actitud positiva y favorable del individuo y un deseo de avanzar en un camino altruista y benevolente hacia los demás. De esta forma, atraerá a su vida las energías favorables procedentes de las entidades espirituales que operan en Cáncer.

OTROS TÍTULOS PUBLICADOS POR ESTA EDITORIAL

LA ESENCIA DE LOS DOCE SIGNOS DEL ZODIACO

Un libro esencial para conocernos a nosotros mismos mediante un estudio completo de cada signo del Zodiaco

ÁNGELES, LAS FUERZAS OCULTAS DEL UNIVERSO

Un estudio completo sobre la importancia de los ángeles en el Universo y en nuestra vida cotidiana, donde se dan a conocer sus nombres y sus funciones específicas.

EL MENSAJE OCULTO DE LOS ASTROS

Un manual completo de Astrología, tanto para el principiante como para el astrólogo avanzado. Extensa interpretación astrológica, y, además, se adentra en el tema de las Sinastrías, la Astrología médica y la Parte de la Fortuna, con muchos ejemplos interesantes.

CÓMO LEVANTAR UNA CARTA ASTRAL, Manual para principiantes.

Un manual para cualquier estudiante: sencillo, ameno y directo, donde se facilita al lector un guión para levantar cartas astrales e interpretarlas.

CÓMO INTERPRETAR UN HORÓSCOPO SIN AYUDA DE NADIE

Enseñanzas básicas para interpretar un horóscopo. Aprenda lo más necesario de su carta astral sin necesidad de hacer cursos interminables.

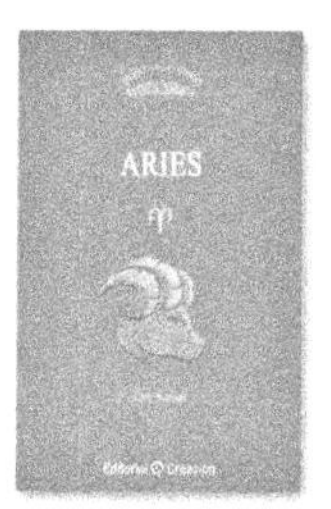

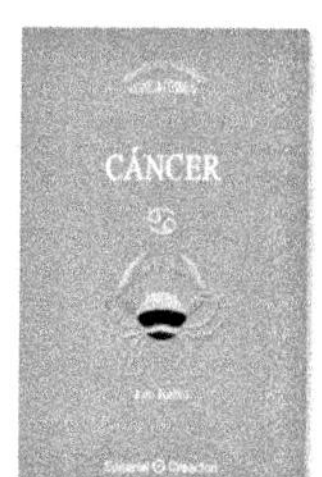

LOS 12 SIGNOS DEL ZODIACO
(ESENCIA CÓSMICA)

Una colección esencial, con un estudio
completo de cada signo: personalidadad, afinidades
e incompatibilidades en al amor, salud, trabajo, ángeles
y fuerzas de los astros, etc.

www.ingramcontent.com/pod-product-compliance
Lightning Source LLC
Chambersburg PA
CBHW071245130726
47998CB00003B/1062